ICING ON THE CAKE
KUA LEE RAU LUB
NCUAV MOG QAB ZIB

English Food Idioms
(Hmong - English)
Cov paj lus hais txog khoom noj ua Lus Askiv
(Lus Hmoob - Lus Askiv)

By Troon Harrison

Illustrated by Joyeeta Neogi

Hmong translation by Davie Boualeevang

Language Lizard
Basking Ridge

For English audio and resources for teaching idioms, see the last page of this book.

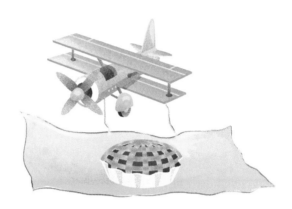

Icing on the Cake - English Food Idioms (Hmong-English)
Copyright © 2020 Language Lizard
Published by Language Lizard
Basking Ridge, NJ 07920
info@LanguageLizard.com

Visit us at www.LanguageLizard.com

First edition 2020

Library of Congress Control Number: 2020916089

ISBN: 978-1-951787-81-3 (Print)
ISBN: 978-1-951787-70-7 (Ebook)

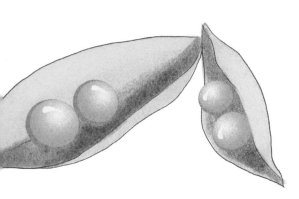

WHAT IS AN IDIOM?

An idiom is a phrase that says one thing but means something different. An idiom can be a quick way of saying something complicated. Knowing idioms will help you to understand and speak English fluently. This book contains idioms about food.
*Note - The English idioms are translated **literally**.*

PAJ LUS YOG DAB TSI?

Ib qho paj lus yog ib nqi lus uas hais txog ib yam twg tiam sis nws muaj lub ntsiab lus txawv. Paj lus tuaj yeem yog ib txoj hau kev uas hais tau ib yam cov nyom. Kev paub cov paj lus yuav pab tau koj kom nkag siab thiab hais tau Lus Askiv npliag. Phau ntawv no muaj cov paj lus muab khoom noj los hais piv rau.
*Nco Ntsoov Tias - Cov paj lus ua Lus Askiv yog txhais **raws lus li**.*

SELLING LIKE HOT CAKES
MUAG CUAG LI KUB NCUAV

Meaning: Something is selling very fast
Lub ntsiab lus: Tau muag qee yam ceev heev

The fresh, ripe melons were so delicious they were selling like hot cakes.

A COUCH POTATO
IB LUB QOS YAJ YWM ROOJ XA LOOS

Meaning: A person spends hours watching TV or relaxing
Lub ntsiab lus: Ib tus neeg siv sij hawm ntau los saib TV los sis so

She worked hard all week, but on weekends
she was a couch potato.

5

BIGGER FISH TO FRY
IB TUS NTSES LOJ DUA YUAV COJ MUS KIB

Meaning: Doing something that is more important
Lub ntsiab lus: Ua tej yam uas tseem ceeb dua

I wanted my brother to come sailing with me, but he had bigger fish to fry.

7

8

USE YOUR NOODLE
SIV KOJ COV MIJ

Meaning: Use your brain to figure out something for yourself
Lub ntsiab lus: Siv koj lub hlwb los daws qee yam rau koj tus kheej

I wanted help tying my shoes, but Dad told me to use my noodle.

WAKE UP AND SMELL THE COFFEE
TSIM LOS THIAB HNIA NTXHIAB KAS FES

Meaning: Pay attention to what is actually happening
Lub ntsiab lus: Muab siab rau yam yuav tshwm sim tiag

The cowboy thought it was a safe place to camp, but he needed to wake up and smell the coffee.

SPILL THE BEANS
NCHUAV COV NOOB TAUM

Meaning: To confess and reveal a secret
Lub ntsiab lus: Lees thiab nthuav qhia qhov lus zais

When the stray puppy howled, the children had to spill the beans.

13

Meaning: To be upset about something that cannot be changed
Lub ntsiab lus: Chim rau qee yam uas tsis tuaj yeem hloov tau

I was upset about my bike, but Mom told me
not to cry over spilled milk.

APPLE OF MY EYE
TXIV AVPAUM NTAWM KUV LUB QHOV MUAG

Meaning: Something a person loves very much
Lub ntsiab lus: Ib yam uas ib tus neeg twg hlub tshaj plaws

After my camel won the race, he was the apple of my eye.

GOING BANANAS
RAIS UA TXIV TSAWB

Meaning: Acting crazy
Lub ntsiab lus: Ua tau zoo li vwm

The boy I was watching was going bananas.

TWO PEAS IN A POD
OB LUB NOOB TAUM KOOM IB LUB PLHAUB

Meaning: Two people who are very similar
Lub ntsiab lus: Ob tug neeg uas zoo sib xws

My children always play together, like two peas in a pod.

WITH A GRAIN OF SALT
NROG IB QHO NPLEJ MUAJ NTSEV

Meaning: To be skeptical
Lub ntsiab lus: Tsis ntseeg siab rau

My hairdresser said my new hairstyle suited me,
but I took her words **with a grain of salt**.

PIE IN THE SKY
KHOOM QAB ZIB NYOB SAUM NTUJ

Meaning: A goal that is too ambitious and may never happen

Lub ntsiab lus: Ib lub hom phiaj xav tau heev thiab tej zaum yuav tshwm sim tsis tau

My dream of being the first person living on Mars might be pie in the sky.

THE BIG CHEESE
DAIM MIS NYUJ KHOV LOJ

Meaning: A person who is important and powerful
Lub ntsiab lus: Ib tus neeg uas tseem ceeb thiab muaj hwj chim

The farmer owned so many goats, she thought
she was the big cheese.

ICING ON
THE CAKE
KUA LEE RAU
LUB NCUAV MOG
QAB ZIB

Meaning: Something which is an extra special treat
Lub ntsiab lus: Ib yam uas ntxiv rau ib qho khoom tshwj xeeb

My grandfather's surprise visit was the icing on the cake.

Visit <u>www.LanguageLizard.com/Food-Idioms</u> for additional resources for teaching and learning English idioms, including:

- English audio of this book
- Multicultural lesson plans for use in the classroom or at home
- Information on the origin of the idioms in this book
- Additional food idioms with their meaning, usage, and origin
- Information on idiom translations and idioms in other languages

This book is part of the **Language Lizard Idiom Series**.

Visit **www.LanguageLizard.com** for a complete listing of the titles in this series and available languages.

CPSIA information can be obtained
at www.ICGtesting.com
Printed in the USA
BVHW022144190422
634777BV00019B/209